별헤는 밤
동주를 노래하다

박성진 지음

문학바탕

시인의 마음

하늘이 허락하신 시인 윤동주(1917-1945)

내면의 뼈가 강하기에 시 한 편 발표할 수도 없는 암울한 시대에서 "행복한 예수 그리스도처럼" 십자가가 허락한다면 어두운 하늘 꽃처럼 피어나는 피를 흘려야 했던 윤동주.

많은 시인들이 문학을 포기하고, 붓을 꺾어야 했던 그 때에 시인은 묵묵히 주어진 길을 걸었다. 마지막 순절의 시인…

형무소에서 맞는 주사와 쉼 없는 노동으로 피골이 상접한 시인의 죽음은 큰 고통 그 이상이었을 것이다. 허락받은 십자가 고난 뒤에 부활의 소망도 찬란하게 피어났다. 무덤 위에 파란 잔디가 피어나듯이… 시인은 슬픔과 고통을 넘어선 희망의 나라에 대하여 노래하며 찬란한 부활을 맞이하였다. 시인의 불멸의 가치는 윤동주 찬가를 노래하듯이…

  작은 씨앗 같은 존재이지만 윤동주 찬가를 쓰게 되어 영광스럽습니다. 이 언덕에서 서정시의 씨앗들이 싹틔워져 윤동주 찬가가 힘차게 울려퍼지기를 앙망하고 또 앙망합니다.

2024년 3월 1일
박성진

- 시인의 마음 / 2

- **1부**

생명 / 10

그대 혼자 아침을 기다린다 / 12

그대 불사조 되어 노래한다 / 13

황금빛 봉황 / 14

가슴으로 치는 북 / 15

캄캄한 밤하늘 / 16

괴로웠던 한 사나이 / 19

빛나는 별 / 20

흑암의 권세로 짓밟힌 그 날 / 21

그대 걷는 걸음마다 / 22

별들의 이야기 / 24

겨울은… / 26

그날의 아침 / 27

슬픈 비 / 28

아픈 얼굴 / 29

초병의 아침 / 30

환한 달빛에 비춰어진 사나이 / 32

아스러지는 별 / 34

2부

자유를 갈망하는 시 한 편 / 38

형무소 간수의 독백 / 39

소나무야 / 40

대나무의 꿈 / 41

소년은 소학교 4년째 / 42

소년은 풍선을 타고 / 45

형무소의 기적 / 46

슬픈 천명 시인 그대여 / 48

시 한 편 / 49

씨앗공주와 어린왕자 / 50

움직이는 반딧별 / 52

그대여 한잔하게나 / 54

십자가에 피어난 꽃 / 56

외롭다 / 57

참회록 / 58

치욕스러운 나 / 59

태양아 / 60

풀 한 포기 되련다 / 61

윤동주와 바다 / 62

가을 / 63

3부

동주의 꿈 / 66

윤동주 찬가 / 68

인왕산 숲길 / 70

일제 강점기 시인의 자유 / 72

젊은 별의 찬가 / 74

겨울 / 76

시인이 부러웠던 윤동주 / 77

청년아 / 78

청년의 꿈 / 80

꽃송이들은 아픔을 겪고 / 82

마르지 않는 가압장 / 84

청년 다윗을 꿈꾼다 / 85

하얀 장미 숲에 선 시인 / 86

언덕 위에서 / 88

후쿠오카 형무소의 밤 / 89

하늘아, 별아 / 90

피어나는 꽃처럼 / 93

향수 / 94

허락받은 언덕에 서서 / 95

화려한 봄날을 그리며 / 96

황금 수레바퀴여 / 97

4부

27세 시인 윤동주 / 100

무거운 짐 진 청년 / 102

내 품에 안긴 별 / 104

미지의 청년 / 105

달빛 감옥 / 106

별은 / 109

달빛 속에 고독한 나를 보았다 / 110

별 1 / 112

별 2 / 114

별 3 / 116

그대 흔적 / 117

별빛연가 1 / 118

별빛연가 2 / 120

별을 심는다 / 122

부활 윤동주 / 123

슬픈 바람 / 124

큰 별 / 125

운명의 바람소리 / 126

늪 / 127

망원렌즈 / 128

또 다른 자아 / 129

산벚꽃나무 가지에 / 130

1부

생명

생명은 존엄의 다리
생명은 창문의 불빛

호흡하는 내가 있기에
오늘도 사나이는 감사한다.

주름진 모자를 펴고
반듯한 태극기 가슴에 품는다.

나의 생명 나의 호흡
이제 15세 소년이 아니다.

생명은 존엄하고 값진 것!
그리운 어머니… 어머니…
저의 결정을 축복해주세요.

황량한 곳으로 던지어질
내 몸은 부서질 것이외다.
푸른 잔디가 되렵니다.

그대 혼자 아침을 기다린다

문인들도 벗도 붓을 꺾고
홀로 갇힌 그대여

고독은 옥중에 갇히운 채
저편 빛나는 슬픈 별이 되어
시멘트벽에 기대인 채 울고 있구나.

봄이 오고
눈부신 태양이 뜨고,
드넓은 광장은 그대를 위해 펼쳐졌건만
그대의 아침은 싸늘한 꽃이 되었다.

그대 불사조 되어 노래한다

암흑의 시대에 별이 되었다.
십자가에 박힌 별은 몸부림치었다.
그대 언덕에 서서 자랑처럼 작은 예수 되었다.
한잎 두잎 뜯기어진 꽃잎들은 부활의 꽃을 꿈꾼다.
꽃처럼 피어난 보혈의 붉은 장미를!

황금빛 봉황

불붙은 화염 속에서도 그대 몸 불붙지 않고
온몸은 황금빛 봉황새 되어
이 땅을 환히 비춘다.
거룩하고 순결한 봉황이여!
가냘픈 날개 푸드덕거리며
황금빛을 뿌려 날갯짓한다.
어둠을 밝히는 촛불!
오늘도 날갯짓하며 저 언덕 위에 날아다닌다.

가슴으로 치는 북

가슴으로 치는 북
잿빛 하늘 되어 나를 울린다.
수난을 끌어안고
스스로 기약하는 희망
봄은 곧 오겠지.

캄캄한 밤하늘

캄캄한 밤하늘도 밝은 새 아침도
일장기를 펄럭이던 암담한 하늘 아래
역사를 지켜보던 많은 시인들
모두가 붓을 꺾고,
문학의 길을 외면하던 시대여!

한 외로운 사나이 영감의 시인은
천명을 받아들인 채
십자가의 길을 서슴지 않았다.
동서남북 막힌 담벼락
햇빛마저 한숨을 뿜어내고 있을 때
시와 문학의 자리를 사수하던 청년아!

목숨 걸고 문학의 자리를 지켜냈다.
청년의 소망처럼 무덤 위에
파란 잔디 피어났다.

문학 이 외에 길은 생각지 못하고
별을 노래하였다.
죽어가는 것을 사랑하였다.

오직 한 사람 한 사나이만 이 길을 떠났다.
주어진 길 십자가의 길
사나이의 무기는 하늘과 바람과 별과 시였다.
한 포기의 들꽃도 가슴에 꽂고
행복했던 사람아!

암흑기 하늘의 찬란한 별 되어
어둠을 몰아내고,
시대처럼 올 그날의 아침마저
민족을 대신하여 흘리는 붉은 핏방울마저
선홍빛 되어 빛나는 최후의 별…

십자가의 허락받아 나라를 지킨
단 하나의 별 이제는 무성한 풀이 되어
서정시 사상에 빛나는 선구자 되었다.
조용히 흘린 그의 피가
오늘도 우리 가슴에 흐르고 있다.
그대의 손을 잡고
어둠의 시대에 환한 젊은 태양이여…

괴로웠던 한 사나이

괴로웠던 한 사나이
그대의 정신 불사조 되어
부동의 지성 되었다.
언제나 따뜻한 체온으로
세상을 안아본다.
한 편의 시를 완성하기 위하여
성숙하기 전에는 붓을 잡지 않았다.
한 편에 무르익은 시 속에 서 있어
시 한 편마다 저항과 서정으로 가득하였다.
어두운 하늘도 그대 큰 별 앞에
밝은 아침을 기다린다.

빛나는 별

빛나는 별 빛나던 존재는 운명에 가리운 채
시대처럼 아침을 맞이한다.
불멸의 정신으로 세상을 보았다.
그대의 지조 엄숙한 천품으로
일장기의 포학과 정면으로 마주쳐도
그대는 주어진 길 위에 흔들림이 없다.

흑암의 권세로 짓밟힌 그 날

밤하늘 밝히는 별은 야수에게 뜯기운 채
밤은 까만 밤하늘 되었다.
별은 몸부림치어 빛을 발하고 발하여
어두운 하늘을 슬픈 별로 가득 채워
은하수를 만들어낸다.

그대 걷는 걸음마다

그대 걷는 걸음마다
순수하고 따뜻한 사람

시와 신앙도 잔잔한 물결 되어
내면에 흐르는 물이 된다.

지성과 감성이 고요히 흐른다.
소리 없이 솟아오르는 그대여
꽃처럼 피어나라.

고향의 향수 짙었던 시인이여
또 다른 고향 첫발을 내딛었을 때
식민지 된 아픔을 보았으니
흐르는 눈물 은하수 되어 사무쳤다.

또 다른 고향을 본 그대는

불붙은 화염 되었다.

시인이 걷는 걸음마다
발부리에 돌 채여도
걷고 또 걸었다.

가까이 십자가 보이는데
흔들림 없던 임아!
그대 아니면
누가 그 길을 가겠는가.

별들의 이야기

종달새 지지배배 아름다운 목소리 별
깜깜한 밤하늘 발광하는 반딧불
노랑, 황녹색 움직이는 작은 별들
사하라 사막에 불시착한 비행기
영감을 얻은 세계명작의 별

어둔밤 동구밭 어귀에서 잡은 반딧불
병속에 집어넣은 동주의 투명한 병속에 들어있는
살아움직이는 신기한 반딧불 별
반딧불은 배와 꼬리를 열심히 흔들 때
빛을 내는 반딧별 큰별은 동주의 별

별을 노래하고 사랑하던 윤동주의 별은
세계에서 큰 별이 되었다.
영원히 지워지지 않는 별
별들의 이야기는 은하계까지 이어진다.

아이부터 어른까지 그 별을 사랑하고
품에 안긴 그 별 윤동주 별…

겨울은…

 겨울은 동면의 시간 내 안에 남아있는 생명의 움틈은 파릇하게 피어날 수 있을까? 겨울은 휴식의 시간.

 나는 회색 벽에 갇혀있고, 따뜻한 난로 없는 냉동실… 팔뚝에 새겨지는 멍만 가득하다.

 끝나지 않을 고된 나의 겨울이여…

그날의 아침

그날의 아침이면 좋겠다.
태양은 황금빛 세상 햇살도 눈부신 그날
언덕에 떠오르는 태양 아래 황금빛 금가루를 뿌리며 나는 그날의 아침을 꿈꾼다.

슬픈 비

오늘도 청춘은 끓어오른다.
희망과 두려움이 함께한 별은 외롭게 반짝인다.
"죽어가는 모든 것을 사랑"했던 그 별
후쿠오카의 밤하늘이 낚아채 가고
하늘은 슬픈 비를 밤새 내렸다.

아픈 얼굴

달빛이 아프다 한다.
어디가 아프니?
달이 대답한다.
우물에 비친 그 얼굴이 아프다.

초병의 아침

어느 하늘이 자유를 갈망하여
뜬눈으로 아침을 맞이할 초병을 세웠더냐?

기약 없는 아침에 닭 울음소리는
꼬꼬댁 꼬꼬댁
지치지 않고, 아침을 깨우고

언제일지 모르는 새 시대를 믿고
아침을 맞는다.

아침을 갈망하던 꽃이
말라 시들어 떠난 후
그 놀라운 예언이 이루어졌다.

그 이름자 묻힌 후에 이루어지어
행복하다 행복하다

나의 소리야
나의 아침아 한다.

환한 달빛에 비취어진 사나이

안개 낀 호숫가 임의 걸음을 따라간다.
하얗게 무리지어 핀 안개꽃들
임을 보고 싶어서…

잔잔한 물결 위에 환한 달빛 비취어
임의 얼굴을 보았다.

외로운 사나이 미운 사나이
다시 보던 임은 깊은 시름

잎새에 이는 바람 그 바람 다시 불어와
괴로워 하지만 임의 시혼 한 몸에 안고,
밤을 새워 자유를 사수하는 초병이 되었다.

어두운 하늘을 지키시며 아침을 위해
또 다른 고향을 찾아 가는 발걸음에

하늘도 별도 그 뜻을 모르던
그 사나이 마음만 심오하구나.

고요한 성품으로 결심한 그 사나이
이윽고 사랑의 큰 그물에 갇히운 채
깊이 빠져 한없이 내려진다.

임의 아침을 맞이하려는
속절없는 사랑만 애를 태우고
하늘도 참다못해 서럽게 울음을 터뜨린다.

아스러지는 별

어머님!
시대의 그 아침을 기다립니다.
처참히 부서지고 아스러지는 조국 앞에
할 수 있는 것이 무엇이 있겠습니까.
찬란한 해방의 빛을 보기 위한
열망이 더 뜨거워집니다.

굶주린 야수들에게 내 몸 뜯기워도
대적할 것은 시밖에 없습니다.
드리워진 이 한 몸
허락받은 십자가와
조국을 위해 던졌습니다.

별 하나에 추억과,
어머님 무섭고, 고통스러운
야수들에게 산산히 찢기어나가도

무성히 자라날 풀 한 포기 위에
나의 별에도 봄은 오겠죠.
시로 싸우는 최후의 내가 자랑스럽습니다.
어머님 어머님…

2부

자유를 갈망하는 시 한 편

임의 내면에 뿜어 나오는 시 한 편마다
자유를 갈망하는 것은 어디에서 나왔는가.
그대 넋이 되고 혼이 되어
끌어올린 사랑의 그물이 되었다.
환한 달빛 아래 임의 모습 보면서
십자가에 물어본다.
허락된다면 기꺼이 세상을 바꾸어 놓으리라.
이윽고 그 기회가 도래되어
꽃이 꺾이어 피 흘려도
기어이 선홍빛 피로 세상을 바꾸어 놓았다.

형무소 간수의 독백

단 한 여자를 사랑한 일도 없다.
시대를 슬퍼한 일도 없다.
일본 형무소 간수의 고백이 맞다면
윤동주의 감성에 이끌어진 것!
고문하려다 윤동주에 반한 것!
반 까막눈이 시인이 되어 가는 것!
독한 검열관이 윤동주와 마주하다
벌어지는 소설 속 이야기가
일본 전역에 거리마다 참회하고,
깊이 사죄하는 지식층이 산을 이룬다면
악랄한 일장기를 용서할 수 있는가?
우리는 덮을 수 있어도
바닷물 주사로 플랑크톤의 세균감염 주사로
희생된 영혼들이 많아
교도소 간수의 소설이
고백이며 독백이었으면…

소나무야

소나무야 소나무야 소나무야
너의 세월 앞에 그리 주름 비늘 덮었구나
허리 굵은 너의 몸 안고
울고 웃던 소년아
소나무 기백 담아 너의 용기 되어
믿음직한 청년 되었구나
별을 헤던 밤이 죄가 되어
너와 함께 등 기대던 소나무들 모두가
소리 내어 푸르던 잎사귀를 털어내며
만세소리 알린다.
만세소리 알린다.

대나무의 꿈

곧게 곧게 뻗는구나.
가녀린 몸 가녀린 잎새들아!
곧게 곧게 뻗어
굵은 대나무가 되는 꿈을 꾼다.

마지막 하얗게 내뿜는 액체가 되어
단 한 번 죽음도 아랑곳하지 않으련다.

사삭사삭 소리 내며 잘도 크는구나.
바람 소리도 스치며
사삭사삭 별이 스치는 소리까지 들으며
하얗게 피어오르는 한낱 액체가 되는
그날을 모르는 채 곧게 하늘을 향해 솟구친다.
굵은 대나무 꿈을 이루기 위해…

소년은 소학교 4년째

지금도 별사탕 들고 다닌다.
양손에 긴 막대기 두 개에 꼽은 별!
사하라 사막에서 갖고 와서
모래가 잔뜩 묻어있다.

씨앗공주 비상무기 꺼내준다.
반짝반짝 반딧불이다.
잘 보아라 많이 컸구나!
하얀 유리병 안에 가득 담은 반딧불
까만 밤 까만 숲 까만 밤하늘
언덕 위까지 올라갔다.

씨앗공주님
이 언덕에서 별을 세어보자 하셨죠!
씨앗공주도 4학년 소년도 약속의 동산에서
까만 밤 까만 밤

듀엣으로 노래한다.
세상근심 모두 끌어안아
십자가에 흡수하였다.

까만 밤에 드리워진 세상을 향해
까만 밤 까만 숲속에서
하얀 병마개를 활짝 열었다.
하늘의 별도 반짝이며
까만 숲속에 풀어놓은 반딧불도 껌뻑껌뻑
반딧불은 언덕 위 십자가에 가득 내려앉았다.

세상의 빛은 찬란한 은하수 되었다.
환한 빛 되어 밤하늘을 수놓았다.
씨앗공주는 어느새 십자가 언덕 위에
소년에게 가시면류관 씌우고,
소년은 가시면류관 어루만지며

둘은 손을 잡고,
언덕 위에서 밝은 여명을 기다린다.

다시 한 번 면류관을 보아라.
반딧불이다.
황금면류관이다.
곧 까만 밤이 물러날 거야!

소년은 풍선을 타고

하늘을 날자.
풍선을 타고 저 하늘을 마음껏 날고 싶다.
풍선을 타면 커다란 풍선을 타면
나는 조종사 되어 하늘 위에서 나라를 보겠지!
나라를 보겠지!
"해방이 되는 풍선의 꿈은 이루어진다."

형무소의 기적

후쿠오카 형무소 담장 높아
희망의 빛 들어오지 않는 곳
까막눈 스기야마가 시를 썼다.
"바람 부는데 내 괴로움에 이유가 없다."
"시대를 슬퍼한 일도 없다."
기적 같은 일!
고문하려다 윤동주의 시에 감탄한
그에게 일어난 변화이리라.
시를 잃은 청년 윤동주
시를 쓰게 된 일본인 검열관
시의 힘이 칼보다 위대한 펜이런가?
스기야마 도잔은 소설 속 인물
총칼에 힘이 있는 줄 알았는데
윤동주 시에서 어떤 힘을 읽는다.
"시대를 슬퍼한 일도 없다."는
검열관이 슬픔에 동참하였다.

기적이 후쿠오카 형무소에서 일어났다.
별이 바람에 스친 윤동주는 알고 있겠지.

*이정명 소설 〈별을 스치는 바람〉을 읽고

슬픈 천명 시인 그대여

나 그대 앞에 서는 날!
나 그대 위해 무엇을 할까?
천명의 시대에서 그 길을 그대가 가야만 하였도다.
저승도 아닌 이승에서 어떻게 그런 길을 갈 수 있으리.
두만강 건너오면 핏빛을 알면서도 성큼성큼 오셨으니
나는 그러지 못하오.
행복한 나라여서 핑계 대오.
그럴 거면 차라리 두만강을 건너서 오지 말 것을
시인이 아니었으면
윤동주는 행복한 시간 보내지 않았을까?

시 한 편

파란 하늘이 파랗게 언덕에서
더 파랗게 내 가슴은 봄이 되었다.
화사한 벚꽃은 하늘하늘 춤추고,
흐드러진 꽃비는 한들한들
시 한 편은 늘 봄을 기다린다.
홍매화도 속치마를 보이며 부끄러워하는데
 아직도 펄럭이는 일장기는 봄을 허락하지 않았구나.
 곧 불어닥칠 조선어 시 한 편에 그대 발걸음 무사하려나.

씨앗공주와 어린왕자

큰 막대기 두 개 별사탕
어린왕자는 청년이 되어서도
별 막대기 들고 다닌다.
서촌하늘과 인왕산 숲속 그 언덕길에서
씨앗공주 풀씨를 손에 비비며
프로펠러 윙윙 시동을 걸었다.

프로펠러에 승차한 풀씨들은 수만의 헬기 되어
자유롭게 날아가고 훨훨 더 높이 날아가
별들의 손을 잡으며 세상을 뒤덮었구나.
유난히 캄캄한 밤 별들도 프로펠러들도
축제에 페스티벌을 전주하며
까만 밤하늘을 별들로
풀씨들에 고공 낙하하는 솜씨로
오대양을 자유롭게 오르며 낙하하여
낙엽에 떨어지고, 스페인에 떨어지고,

모로코까지 날아서
서유럽을 장악하고, 북유럽 너머
이름 모를 언덕 위에서 풍성한 풀씨들

셀 수 없는 별들은 서로 마주보며
언덕 위에서 마중 나온
수만의 깜빡이는 반딧불과 합세하여
자유 독립을 외치는 삼천만 지구의 별들과
만세 만세 만세의 합창되어
온 우주에 알리었다.

움직이는 반딧별

반짝반짝 껌뻑껌뻑 움직인다.
날아다닌다.
셀 수 없는 별 반딧별들이 날아다닌다.

대천사장 미카엘도 별을 타고
라파엘도 별을 타고
천하장사 가브리엘도 별 타고 내려온다.

산 속 오두막집 씨앗공주 하얀 병속에
가득 품은 반딧불 뚜껑 열었다.

반딧별들은 자유다! 빛을 낸다!
춤추며 노래한다.
하늘에서 처음 내려온 천사들은
속히 하늘로 올라가고,
예쁜 천사들 구름위에서 나팔 분다.

뿜뿜 뿜뿜뿜…

철없는 소년 동주
하늘을 보며 막대 끝에 붙은
별사탕 빨아먹고 서 있구나.

그대여 한잔하게나

  아무도 할 수 없어 하나님의 독생성자 예수 그리스도 십자가에 못 박힌 것은 감당 못할 인류의 죄 사함이었으니 그 광대함의 보혈은 측량할 수 없는 것. 전능자의 거룩한 사랑이다.

오늘 그대!
십자가의 못 박힘은
교묘한 왜놈들의 약탈에
한이 맺힌 서러움

아무도 할 수 없는 항쟁의 길을
눈부시게 할 수 있는 사람아!
그 사람아!
윤동주 그대이기에
잠 못 드는 고뇌의 새벽에
맨 정신으로 고백하기가 힘들어

막걸리 한잔에 그 설움을 달래본다.

그대도 막걸리 한잔 하게나.
우리 둘이 잠시 취하여서 함께 십자가에 못 박히어 붉은 피를 흘린다면 영원한 천국에서 보상으로 맛있는 안주를 주지 않겠는가?
그대와 나 같은 하늘 아래 하나이니 먼동이 트기 전 새벽녘에 막걸리 한잔으로 십자가의 고통을 참을 수 있을까?

조국의 하늘은 누가 또 지키려나…

십자가에 피어난 꽃

달빛에 비춰어진 그대여!
십자가의 피 흘림을 그대가 감당하려오?
어두워진 하늘 밑에 그대 서 있는데
고독한 뜻을 행하려오?
밤새 시끄러운 호루라기 소리
약탈의 보따리를 짊어져
겹겹이 쌓아놓아 산을 이루었다.
토지와 자유를…
시와 숨소리마저 간섭하는 일장기에
소년 윤동주 화났다.
불이 되고, 폭탄이 되었다.
뜻을 이루기 위해
별 보이는 언덕 하늘 아래
십자가 못 박히어
붉은 피가 산을 덮어 흘러간다.
어머니! 나의 어머니!

외롭다

하나님도 사람도 외롭다.
언덕에 서 있는 그대는 더 외롭다.
임이 좋아한 키에르 케고르도 외로웠다.
마음을 열어도 외로울까?
오늘도 많이 외로웠을 그 사나이가 생각난다.
전능한 하나님도 외로웠을 언덕…

참회록

살기 위해 붓을 놓았던 슬픈 시대
모두가 참회록을 알기에
그대 혼자서 걷는다 생각마세요.
다 같이 걷는 길
그대 언덕 위에 우리가 있기에
외로웠던 길은 잊으시오.

치욕스러운 나

푸른 녹 낀 거울에 비친 나
손바닥으로 닦아 보아도
밤마다 닦아 보아도
빛나지 않는 나
치욕스러운 나
슬픈 사람이다.

태양아

구름이 보이고 바람이 지나가도
태양은 떠오른다.
먹구름도 괜찮다.
비바람도 괜찮다.
찬란한 태양이 거두어 가면
그날의 설움도 멈추리라.

풀 한 포기 되련다

일장기에 짓밟힌 내 한 몸
둘 곳 없어 어둠에 갇혀있다.
영혼의 굶주림
젊음도 무색한 하루 오늘도
내리꽂힌 주사기는 정맥 속에 흘러
한없이 꺼져간다.
바람아 바람아 그만 불어라.
희망의 봄아 어서 오렴.
내 한 몸 깊이 잠들어 풀 한 포기 되련다.

윤동주와 바다

횃불을 들어 보아라.
윤동주 청년이 보일 것이다.
하늘을 향하여 성찰하고
고뇌한 청년의 앞길에는
두려움마저 벗어 던졌다.

횃불을 더 높이 들어보자.
거센 파도가 일렁거려도
한 치도 물러설 수 없는 걸음

산산이 조각난 나룻배여!
파도도 별 헤는 청년을 기억한다.
바람도 스쳐지나간 때를 기억하려니
손마다 치켜든 횃불들은 더 밝게 빛나고
어두운 밤길 혼자였던 쓸쓸함에
내 마음도 고뇌의 파도소리가 세차게 들려온다.

가을

윤일주야! 사랑하는 내 동생아!
너의 붓끝을 따라온 귀뚜라미 소리는
홀로 있는 내 감방에서 울어주고 있다.

일본어 엽서 한 장 짧은 글로
가을밤을 보내는 청년 동주야!
슬픈 귀뚜라미 소리와 함께 하는 청년아!

11월 20일 서시를 쓴
청년의 늦가을이 아름다운 너의 이름 새기어
만 세계에 너의 가을을 알리리라.

하늘은 너의 별이고,
가을은 너의 맑은 가을이다.

3부

동주의 꿈

달빛 속에 비춰어진 사나이였던가?
자기 모습 성찰하고,
보고 또 보았던 거울 앞에 선 청년
이제 늦은 꿈을 펼쳐본다.

풀포기가 뿌리가 되었구나.
5대양 6대주에 깊이 박혀
푸른 잔디 되었구나.

이제 어머니를 노래하고,
자유를 노래하는 축제되어
청년의 설움이 희망이 되었구나.

청년의 시가 부활을 꿈꾸었다.
청년의 노래가 부활이 되었구나.
그대 십자가 소명의 뜻 이루었다.

다시 꽃 피우는 조국을 보아라!
청년의 꿈이 펼쳐졌다.
청년의 시가 자유로
문학의 깃발 되어 세계를 누비며
콘서트장에서 자유와 희망을 열창한다.

청년의 밝은 날
우물 속에 비춰어진 사나이가
어둠속에 드리워진
고독한 나라를 값진 피로 세웠다.

어머니! 어머니!
동주의 꿈 이루었습니다.

윤동주 찬가

 잿빛하늘이 하늘을 덮고, 세상을 공포의 세상으로 몰고 간 무단 통치의 시대, 울던 아이도 호루라기 소리에 멈칫하고 어른들도 숨을 고르며 농민들의 토지를 약탈당하며 오늘은 또 무엇을 뺏기려나?

 놀란 가슴 쓸어안는다. 나라 잃은 시대여! 아파도 너무나 아파 알면 갈 수 없는 그 길, 비단길도 아니요 꽃길도 아닌 그 길을 가야만 했던 청년아! 하얀 적삼으로 너의 몸을 감았구나. 길고 긴 장삼으로 너의 몸을 감았구나. 이윽고, 너의 오른손에 하얀 적삼 긴 긴 선을 내젓고, 내젓는다. 휘휘 휘휘 허공에 펼쳐본다. 내젓는 적삼 길고 길어 그 한이 소리 내어 운다.
 넋이 되고, 한이 되어 나라의 설움 설움 되어 울고, 운다.

어느덧 청년의 기백은 허공에 펼치어 더 높이 치솟아 외로운 군무가 되었구나. 나는 듯 안 나는 듯 전선의 한가운데로 오신 임아! "철없는 소년들 많고 많아 청년들도 많고 많았다." "죽어가는 모든 것을 사랑한 임아!"

너의 혼 너의 자유를 저 길고 긴 장삼에 휘젓는 너의 손에 붙잡은 길고 긴 장삼이 저 하늘 십자가에 닿으려는가?

오늘도 별 헤는 밤 임의 시가 또렷이 들려온다. 긴 긴 적삼 장삼을 감은 임아! 이제 감은 장삼 풀어헤쳐 저 두만강에 뿌려 자유의 몸 하얀 군무 하얀 나비 되어 훨훨 날아가라. 나폴나폴 가고 싶은 길을 마음껏 날아가라. 창공을 차고 날아가라.

인왕산 숲길

서촌 하늘과 인왕산 숲길이 이어지고
청년은 아무 일 없는 듯
수줍고 부끄럽게 별을 노래하듯
조국을 노래한다.

십자가의 보혈은 인류의 죄 사함
청년 윤동주는 기독교 미학으로
시를 펼쳐나가는구나.

오늘도 서촌 하늘은 맑고 푸르구나.
십자가, 또다른 고향, 별헤는 밤을 수놓은
인왕산 자락마다 동주의 별은
100년이 넘은 굵은 소나무 되어
근정전에도 서촌하늘에도 은하계까지
꺼지지 않는 청년의 별 되었다.

맨몸으로, 연필 하나로
독립투사 된 별의 전사여!
골리앗을 무릿매 끈과
작은 돌멩이 한 개로
쓰러뜨린 다윗이구나.

시인 윤동주는
다시 한 번 이 나라를 번영시킬
영원히 살아 숨 쉬는
별을 노래하는 시인 되었다.

일제 강점기 시인의 자유

임을 임이라 못하고,
어머니를 두세 번 부르면
암호라고, 잡아 간다.

그리움 별도 달도
여러 번 못하는구려.
한도 서러움도 표현 못하는구려.

남몰래 밝은 달빛 우물가 비친
내 모습도 조각조각
반딧불 줍는 추억도
별 헤이는 밤도 두렵더냐?
시가 두렵더냐?
약탈함이 양심에 찔리더냐?

 경복궁 근정전에 일장기 꼽아놓고

파렴치한 순사 헌병 앞세워
호루라기 통치하여 한반도를
일장기 펄럭이며 훔쳐가던 너희들아!

숨 쉬게 못하여도
영혼의 숨 못 꺾으니 두려워하여라.
너희들의 약탈함을 세계에 읊으리라.
35년 강탈을 내 어이 잊으리.
약탈과 서러움의 한숨을 어찌 잊으리.

젊은 별의 찬가

숲속 내 집 앞 새들의 지저귐도 끊긴 채
고요한 적막감이 흐른다.
하늘도 아는 듯 늘 잿빛 얼굴

별을 노래하던 십이월은 길고 길구나.
별의 찬가는 찬가가 아니었다.
오직 설움만이 녹아내리는 아픔이었다.

하지만 청년의 꿈은 이루었다.
찬가는 대나무 되어 곧게 뻗어
굽힐 줄 모르는 힘이었다.

화살의 살이 되어 모든 준비를 마치고
하얀 액체를 뿜으면서
단 한번 이루었다.
죽음이 되어 이루었다.

수많은 화살이 되어
화살나무 활시위에 장착되었다.
저 하늘에 반짝이는 윤동주 별의
신호만을 기다린 채 숨죽이며
언제든 발사될 대나무 화살들이
천천만만 끝없이 발사할 날만 기다리며
별을 찬가하는 대무들이
별이 바람을 스치기만 하여도
제2 제3의 약탈이 와도 두렵지 않으리.
두렵지 않으리.

오늘밤도 별은 유난히도 밝아
청년의 별이 행복하리라.
별이 박혀있는 윤동주 보석 영원히 빛나라.

겨울

시멘트 벽체로 둘러싸인
높은 담장에도 겨울이 왔다.
눈부시게 밝은 별 그 별을 사랑한다.
사계절이 바뀌면서 내 영혼은
불 꺼진 재만 남은 회색도시 되었다.
불 꺼진 재 교도소에 늘 그렇게
암흑과 죽음만이 느껴지는 건
십자가의 날이 다가오기 때문이다.
내가 죽으면 따뜻한 햇볕과
함께 나를 녹여줄
희망의 봄이 오려나.

시인이 부러웠던 윤동주

친구의 시인됨이 부러웠던
그 마음이 싹을 키워가고
웅변대회 일등하여 선양정신 키워간다.
친구들 선배들에 옷과 시계 전당잡아
모든 것 내어주던 묵묵한 친구
선명해진 너의 영혼!
"모든 죽어가는 것을 사랑해야지. 그리고 나한테 주어진 길을 걸어가야겠다."
신념으로 무장한 기백 담아
용맹한 무기가 되었다.
"하늘과 바람과 별과 시"
이 한 편의 시가 투옥이 되고
기꺼이 나라와 민족을 대표하여 가는 길에
골리앗을 무너뜨리는 다윗의 조약돌이 되었다.
한 편의 시의 위대함이여!

청년아

청년아!
우물을 보다가 나라를 보았구나.

청년아!
민족을 걱정하다 두만강을 건넜구나.

청년아!
언덕 위에 서 있다가 희망의 봄 되었구나.

청년아!
별에 빠져 고뇌의 별 안았구나.

청년아!
조각달 시를 쓰다 둥근달이 되었구나.

청년아!
반딧불 조각 찾아 세계의 별 되었구나.

청년아!
100년 넘은 청년아!
천년이 지나가도 영원한 청년 되어
만고강산 유유자적 청년의 별
오늘도 인왕산에 청년을 찾아간다.

청년의 꿈

야수는 먹이를 철창에 가둬놓고
굶주림에 사냥을 합니다.
내가 할 수 있는 것도 정해졌으니
죽어가는 것도 사랑하는 것입니다.

하나님은 두만강을 건너
야수의 심장인 사령부에서 철장에 넣었습니다.
하나님의 전쟁은 군사력이 아닙니다.

순결이 무엇인지 고민합니다.
변함없이 오늘도 별을 헤이고 있습니다.
저의 살과 피가
조국의 제단 위에 놓여 있습니다.

야수들이 철창에 가두고,
주사를 놓습니다.

이 한 몸 살이 찢겨 피 흘려도
내 영혼은 하나님 것!
조국의 것이오!

야수들도 알 것입니다.
얼마 남지 않았습니다.
훗날 저를 시인으로 기억해 주신다면
조국의 땅에서 풀 한 포기 되겠습니다.

꽃송이들은 아픔을 겪고

언덕 위에서 가만히 나를 본다.
옥매화 꽃을 바라본다.
사월 늦게 피는 은은한 꽃
흰색 핑크빛 고결한 꽃
나는 늘 새로운 길을 좋아했다.
숲길로, 고개로…
오늘도 활활 타오르는 불씨인 줄 모른 채
길을 걷다가 민들레 낙하산을 비벼 본다.
하늘 날다 하늘에서 내려온
하얀 꽃송이들은 아픔을 겪고,
꽃이 되어 사람들에게 행복한 미소 짓게 하겠지?
나의 길은 꽃으로부터 시작하지만
머지않은 날 이 언덕 위에 대나무 심어
굵은 대나무 되는 날 한순간에 잘리어
하얀 액체 뿜으며 가는 날을 기다린다.
내 숨통이 끊어져도 잎새들은 아파할 거야.

내 심정은 태양을 보는 것도
눈이 부신 날 쇠문을 열고 나가는 날도 함께하니
오늘 맞은 주사바늘은 더 깊이 박혀있구나.

마르지 않는 가압장

물은 언덕 높은 곳에서 생명수 되어
아래로 아래로 흐른다.
슬픈 하늘도 눈물 되어
이곳에 쏟아져 모이고 흐른다.

하늘에 먹구름이 모이고
달도 새까맣게 떠오른다.
해도 달도 별들마저 빛을 잃은
영혼의 가압장을 두드린다.
영혼의 맑은 가압장 되어
천년 만년 힘차게 흐르거라.

깨끗한 물이 되어
마르지 않는 샘터 되어
철철 넘쳐흘러 영혼의 가압장 되려무나.

청년 다윗을 꿈꾼다

별과 달 우주를 품에 안은 청년은
남의 나라여서 서러웠고
쉽게 쓴 시마저 부끄러웠다.
두만강을 건너면서 전사 다윗을 꿈꾸었으리라.
시편 절반을 기록한 시인이자
골리앗을 무너뜨린 다윗의 꿈!
다윗은 어려서부터 힘이 장사였고
청년은 부끄러움을 타는 소년
나라를 빼앗긴 조국은 잿빛 하늘이었다.
한 많은 역사와 조국은
무기 없는 시인 청년에게
조국의 깃발 순교의 깃발을 맡기었다.

하얀 장미 숲에 선 시인

내가 좋아하는 파랑 장미꽃
단지 숲 속 맞은편에는 하얀 장미
화훼단지가 구름까지 연결되어 장관을 이룬다.
하늘 위에 큰 두루마기 펼쳐져 있어
자세히 보니 빨간 장미꽃으로
수놓은 그대 이름 윤동주!

함박눈 펄펄 내린다.
그대와 내 머리 위에 눈은 내리지 않고
반딧불도 그대 어깨 위에 훈장 되어 내려앉았다.
연분홍 산 벚꽃들이 때 이른 개화를 하고
산하는 연분홍 꽃들이 가지가지마다 활짝 피어
연분홍빛으로 세상을 덮었다.
순결의 하얀 장미꽃들은 어느새
그대의 순결을 알리듯
하얀 장미꽃을 입은 그대!

두루마기에 수놓은 빨간 장미
그대 이름 윤동주
윤형주와 악단들 뮤지컬이 준비되었다.

나라를 위하여 산산이 부서진 이름이여!
이제 조국은 그대의 것!
제2 제3의 윤동주 이름을 이어갈
독립투사들이 깃발 들고, 횃불 들어
여의도에 준비되어 그 수가 천천이요 만만이다.
무기보다 더 두려운
커다란 연필이 총을 대신하니
세계가 두려워 넘볼 수 없도다.

하얀 장미 빨간 장미 연분홍 꽃들이
그대 위해 활짝 피웠으니
춘삼월 봄소식에 들뜬 새색시 마음.

언덕 위에서

그대 서 있는 언덕에서 임의 향기 그려본다.
홍매화도 식재되어 봄소식을 알려준다.
언덕 위의 콘서트장 자유를 노래한다.
일백년 흘러왔다.
임의 순절로 지킨 환상 속 하루인가?
임의 슬픈 눈망울은 여기 바위에 서시 되어
기록하고 꼿꼿하게 서있구나.
영원히 임은 잠들지 못하고
이 언덕을 사수하며 지키고 서 있다.

후쿠오카 형무소의 밤

실험용 수액 주사로 희생된
아픔을 간직한 형무소의 밤은
높고 어두운 곳
소설로, 영화로, 그대 아픔을 가늠하리니
육첩방은 남의 나라
조국을 잃은 슬픔을
너무 쉽게 시를 쓴 것을 한탄한 동주!
바닷물 주사를 맞으며
세균감염으로 숨진 청년 동주여!
화살로 달을 쏘아 떨어뜨리기로 결심했구나.
번뇌와 고뇌도 부수며
주어진 길을 떠나는 동주의
형무소에서의 고독함
가족과 어머니의 그리움
어머니의 피눈물 나는 그리움…

하늘아, 별아

별빛아! 달빛아! 너희들은 알겠지.
스치던 바람아! 떨리는 잎새야!
너희들도 그날을 아는 듯 파르르 떠는구나.

황량한 들판아! 세찬 바람들아!
너희도 살을 에이는
추운 그날이 가까움을 아는가?

별을 헤이듯 손가락이 부족하여
다시 세 보았던 수많은 별들아!
반짝이는 별들이 왜 흐릿해지는지
알고 있구나.
큰 별이 빛을 잃어가는 이유를
청년의 별이 높은 하늘에
감사의 반짝임의 신호를 보낸다.

후쿠오카 형무소 하늘 위에서
마지막 인사를 하는 듯
발광의 빛이 눈부시어 쳐다볼 수가 없구나.
간수가 보인다!

그의 옷 속에서 시 한 편이
두둥실 하늘로 솟구치어 크게 외친다.
"시대를 슬퍼하는 것이 무엇인지 모른다."
"645번 윤동주에게 이 시대에 슬픔을 알았다."
내 죽음은 죽음도 아니다.
단지 백정인 내가 시인이 되었다.

청년의 별 윤동주 별은 빛을 잃어 가는데
외롭지 않은 길동무를 만나
일본 청년의 손을 잡고,
하늘로 하늘로

밝은 빛 밝은 별이 되어
영원한 별이 되었다.

피어나는 꽃처럼

용모 단정한 청년
아늑한 호수를 닮은 시와 삶
향수를 그리며 향수를 안고
그렇게 가는구나.
기어이 꽃처럼
조용히 피 흘리며
어두운 하늘 십자가
크게 그으며 지고 간 그대였기에
오늘은 붉은 장미 되어 피어나라.

향수

오솔길도 고향 길도 사랑스럽게
고향의 향수 그리움은 나라의 향수로

그리움에 산을 넘고,
또 다른 고향을 그리워한다.

그대가 걷던 찬란한 길이
후쿠오카에서 멈춰지고

풀 한 포기 되기 위해
짙은 연둣빛으로 부활하였다.

허락받은 언덕에 서서

슬픔을 알면서 걸어가는 길
회답 없는 사랑을 알면서도
또 다른 고향을 사랑한다.

신발 끈 동여 메고 그 길을 간다.
십자가 앞에 굳게 앙다문 채
허락받은 언덕에서 하늘을 우러러 본다.

화려한 봄날을 그리며

벚꽃나무도 벚꽃 길도
사랑스러운 꽃길
그대 서있는 언덕에도
벚꽃나무 꽃향기

언덕 위 세워진 바위에
서시가 보인다.
굳게 닫힌 입술 사이
미소로 피어나는 이름이여.

황금 수레바퀴여

문과에 입학한 운명의 첫걸음
한걸음씩 디딜 때마다
수레바퀴는 이윽고 쳐다볼 수 없는
커다란 황금 수레바퀴 되어
그 찬란한 빛이 눈부시어
쳐다볼 수 없구나.
나라를 구한 황금 수레바퀴여
그대 앞에 선 나는 작은 잎새 되었다.
오늘도 그대 서 있는 언덕 위 새겨진
서시를 마음에 새겨본다.

4부

27세 시인 윤동주

역사 속에 그대 27년
억겁의 시간 지나
나 그대 앞에서 벙어리가 되겠오.

나라가 없으니 나라를 대신하고
달빛도 창살에 갇혀
자유를 잃은 슬픔아
창살을 뜯으려고 몸부림치던 것이
구만리길 아니던가?

주사 맞고, 골병들어
녹슨 쇠못 심장 뚫는 듯한 설움아!
이 천추의 한 그대를 안고 가니

쓸쓸한 두만강아 우리 함께
손에 손에 하얀 천

그대 몸 둘둘 말아
나라 씻김 북을
치자꽃 상여도 하얀 천 덮어
그대 가는 길 목메어 운다.

컬컬한 목 메임에 오늘도 목이 메인다.

무거운 짐 진 청년

하늘도 바람도 청년에게
너무 큰 짐을 지게 하였구나.
하늘도 바람도 빛을 잃었다.

청명한 가을 서편 하늘이
너무 붉어 눈이 부셔온다.

거센 파도에 밀려오는
큰 짐을 받은 청년은
한발도 물러서지 않았다.

총명한 눈빛 오똑한 콧날에
일자로 다문 입술
나라를 위하여 붓을 든 빛나는 별
큰 별이기에 망설임 없이
독립만세의 깃발 높이 들었다.

엊그제 비둘기 일곱 마리를
지켜보던 순수한
청년 나라의 절절한 독립의 소망을 담았구나.

곧 일어날 운명도 모른 채
겁 없이 청춘을 나라의 제물로 드렸으니
조국의 닫힌 문 크게 열렸도다.

청년아!
영광 있으라!
밝은 여명이 그대 위에 환하게 비춰었다.
조국이 그대 이름을 빛나게 하리라.

내 품에 안긴 별

어린왕자 오른손에 막대 별사탕
닳을까봐 입에 넣고 별을 돌린다.
왼손에는 별 그려진 노트 펼쳐본다.
어제도 오늘도 예쁜 별로
깨알 같은 별들이 반짝거리며
노트는 온통 별 그림
왕자는 별나라에서 온 미소년 왕자
별을 헤이는 순한 소년

내 품에 너의 품에 별이 안기면
시를 쓰는 운명이 된다.
청년이 되고, 고뇌가 찾아오면
이 언덕에서 별을 같이 세어보자.
별이 내 품에 안기었다.
너의 품에도
별이 큰일을 하겠구나.

미지의 청년

뿌연 안개 속에서도
별을 찾아보려 했구나.
별 헤던 청년아!
두려움에 나서지 않으려던 발걸음마저
시멘트 벽 안 너를 가두었다.
밤마다 습격하듯 맞는 주사기에
너의 눈 흐려지고
고통도 막을 길 없어라.
어머니 그리움은 더해지고
자유를 갈망하는 나라를 대신하여
참고, 또 찾았구나.

달빛 감옥

달은 조국을 잃은 슬픔을 아는지
오늘도 방긋이 웃기만 하고
나는 야속한 달을 한입 깨물어본다.
달도 미안한 듯 구름 속에 잠시 들어가고
둥근 미소만 보낸다.
대설 지나 깊어가는 겨울밤
둥근달은 달빛마저 감옥 되어
잿빛으로 물들어간다.
정적을 깨는 호루라기 소리는
여전히 이 땅을 짓밟고 다니고
헌병들의 군화소리 순사들의 큰 목소리도
그칠 줄을 모른다.
아이들의 목소리도
작아지는 한숨 소리 되었다.
달빛마저 감옥에 갇히고야 말았다.
아아, 나의 고독은 언제 끝날까?

저항의 밤!
휘영청 밝은 달이 야속하구나.
나의 십자가는 저 언덕에 늘 세워져 있는데
나는 달빛감옥 창살을 부수고
언덕으로 달려가는
눈부신 날을 속히 기다린다.
눈부신 날 정하여진 내 십자가
못 박혀 흘리는 나의 피가
자유를 그리는 이 산하에
내 붉은 피가 철철 흘러 흘러
달빛감옥 문 열고 나가는
눈부신 그날을 찾는다.
아아! 나의 어머니!
어머니는 아시렵니까?

이 고독하고 괴로운 날이

언제 끝나려나
달빛에게 물어본다.

별은

별은 사람이 그리움 안았다.

별은 시련의 선물이 순금 되었다.

별은 사냥꾼 잡으면 고독이 되고, 안아보니 낭만 되었다.

별은 사색하는 윤동주 따라하는 청년들 시인 되었다.

별은 고독한 무덤 천국 숲속으로 들어가는 길도 무덤?

별은 다시 찾게 되는 그리운 언덕길

별은 제5의 원소 별마다 천국마을

별은 대하소설 펼칠 때마다 더 크게 기록하고, 끝없는 두루마기 인류가 기록해도 또 펼쳐지는 두루마기?

달빛 속에 고독한 나를 보았다

오늘 달빛 속에 고독함을 알았다.
어둠에 깔린 조국의 하늘 아래
왜 그렇게 환한 달이 비추었는지
달은 답을 알고 있다.
비추어진 내 얼굴을 보며
마음 여린 나에게도 기적이 찾아왔다.
다윗 같은 힘이 나에게 찾아왔다.

국민들이 자유를 원한다.
내가 자유를 갈망한다.
나의 십자가의 길이 눈부시게 보인다.

멈출 수 없는 내 영혼의 타오르는 항쟁
항쟁이 나의 길이다.
오늘 나의 길이다.
잿빛 하늘이 눈부신 날이 되어

고독한 순간을 보내고 서서히
내 몸과 살은 부딪히며 찢긴다.
살이 되어 조각조각
흩어지고, 뿌려진다.

선홍빛 나의 피는 하늘을 우러러
한 점 부끄러움 없구나.
선홍빛 피가 흐른다.
피가 흐른다.
눈부신 날에 내 영혼은
고독의 영혼 되어 뜨거운 기도를 한다.
뜨거운 기도를 한다.

환한 달빛아! 밝은 태양아!
어머님! 주님이시여!
나를 도우소서! 나를 살펴 도우소서!

별 1

별은 지지 않아요.
별은 설레임에 두근거리는
사랑의 엔진이에요.

오늘도 언덕 위에서
밤이 되기를 기다린다.
해도 달도 별들에게 묻는다.
추억도 그리움도
저 북간도에 띄워
그리운 어머님
애타게 불러본다.

하나 둘
별을 헤어본다.

경복궁 군화 발자국 소리들

바람 타고 요란하게 들려온다.

봄은 정녕 언제 오나요.

별 2

별을 헤이듯 하나 둘
그리움에 불러보고
윤동주의 이름마저
흙으로 덮어 버려야하는
고뇌의 무게
무엇인지 그리워하는 그리움은
슬픈 역사의 현장이려니
풀이 되어 무성하게 될 자신을
잡초처럼 낮추는 청년

지금도 그대 같은 청년들이
잡초처럼 무성하게 번성하여
그대 이루지 못한
수많은 별을 헤아릴 것이니
그대 지평선에서 또 하나의 별을 보라!
함께 동무하여 무리 진

청년들의 별들을 보라!

또 하나의 불덩이 같은
언덕 위에 선 그대!
그대는 새벽이 오고
태양이 밝게 비추어도
여전히 그 언덕 위에서
조국의 미래를 꿈꾸고 있다.

별 3

어두운 하늘 희뿌연 안개 가득하다.
그 별은 세상을 비추고
따뜻한 세상을 못 본 채
잠깐 잠깐 쉼도 없는 세상을
자유도 없는 후쿠오카에서 보낸다.
쉼을 얻고 싶은 외로운 별은 반짝이는데
언제 쉼이 오려나.
새 아침이 오려나.

그대 흔적

 그대 언덕에 서성이다 부는 바람 행여 그대 올까 두근거리고, 그대 묻힌 이 언덕에 오면 올수록 심장이 뛴다.
 젊은 날 여행 중 임의 흔적을 보았다.
 그대 몸에 흐르는 피 한 방울 섞이여 시 한 편으로 조국을 지킨 임을 추억합니다.

별빛연가 1

홍해 지중해 대서양을 둘러쌌다.
낮의 열기가 뜨거웠다.

붉은 사막 사하라
달밤에 너를 보련다.
붉은 사막 내 서 있는 곳
하늘에서 나를 보니
모래알보다 조금 더 큰 것!

사하라 따뜻한 사막아
다시 하늘을 본다.
대지에 붉은 사막 모래알
깜깜한 밤하늘 총총 박힌 모래알같이
수많은 별들이 깜빡깜빡…
고흐의 별이 빛나는 밤이더냐?
윤동주의 별헤는 밤이더냐?

사하라 별이 더 빛나더냐?
내 사는 숲속 오두막집에
반딧불 별이 더 예쁠까?

별빛연가 2

보아라!
바다에 깊은 심연에 별이 있다.
천명시인 윤동주의 별이 고뇌하는 것은
저 깊은 바다 밑 심연의 별처럼
고독한 별이던가.
운명의 별은 그렇게 큰 별이 되어 가고
심연의 별 고뇌의 별은 고독의 별이련다.
운명의 별은 천명의 별 되어
휘영청 달 밝은 밤 우물가
둥근 창에 너의 얼굴 보았더냐?
천명의 별 달빛 되고
달빛시인 저 어두움을 물리치어
태양의 신 아폴로도 헬리오스도
천명시인 청년의 숭고함에
윤동주여!
경복궁 근정전을 더 환히 비출

더 큰 태양 되었는데
그대는 별빛시인
별빛을 노래하는
21세기 영원한 별빛연가이다.

별을 심는다

그대 별에 봄이 온다.
꿈 하나 나 하나에 봄이 온다.
시련의 별은 멀리 사라지고
밝은 희망의 별이 보인다.
멀리 있어 외로운 동주 별아!
별 헤이는 동무들이
같은 언덕 위에 서 있다.
꽃과 별을 보기 위해
들판마다 별을 심고
풀씨를 심는다.
봄이 되면 대지에서
무성한 풀이 밀림 되어
밀림 숲속에서
찬란한 별들을 보련다.

부활 윤동주

날마다 부활을 꿈꾸었다.
달빛 속에 별빛 속에
생명을 담아두었다.
태양이 뜨는 이유를 알고 있다.
21세기 시대 별과 같고
시련의 바람까지라도
그대 끌어안았다.
운명 같은 그대!
오늘도 그대의 날이었으리.
더 칠흑 같은 오늘을
나도 그대와 손잡고
어두운 밤길을 스치는
바람에 살아보련다.

슬픈 바람

나를 이끈 바람
뼛속까지 시린 바람
절벽에 불어온 바람
가시에 찔린 장미
나도 슬픈 바람

큰 별

내 하늘 그 별을 그려본다.
그 별을 노래한다.
오늘 큰 별 하나
무엇이 스쳐 가려나.
그 별 앞에 내 별이 물어 본다.
내게 주어진 작은 별
그 별을 노래한다.
나에게 부는 바람에게 물어 본다.

운명의 바람소리

입술을 굳게 다문 나
운명처럼 다짐하는 나
시를 멈출 수 없는 나
시끄러운 호루라기
순경 발자국 소리도 바람소리일 뿐

그날의 아침이 오는 소리만 듣고 있다.

늪

운명처럼 빠진 나의 늪
내 청춘은 수레바퀴
내 어머니 고향의 향수
내 이름 석 자 위에 피어날 풀 한 포기

망원렌즈

밝은 달빛 아래 나의 길
별빛도 바람도 가녀린 잎새에 떨리는 소리
사랑한 여인보다 더 큰 사랑 꿈꾸었다.
우물에 드리워진 내 얼굴
돌아서 본 그 낯선 사나이 눈 속의 망원렌즈

십자가 앞에 놓여진 사랑의 결정체

또 다른 자아

임의 산은 대자연에 그랜드캐년인가.
탐험가도 아니었다.
더 큰 산을 보았다.
멈출 수 없이 포효하듯 달려가는 표범
임 안에 숨겨있던 천품이 용솟음치어
울부짖어 저항하는 사나운 맹수여!
깊은 계곡 지나 도착한 큰 강
눈부신 언덕에 서 있는 그대여!

산벚꽃나무 가지에

3월이면 산벚꽃나무 가지마다
꽃봉오리 몽글몽글 달려있었지.
화려했던 그날의 꽃 이파리들

임이여, 임이시여!
지금은 별을 별이라 할 수 없고,
달을 달이라 할 수 없습니다.

머지않아 정말 봄이 오면
가지마다 연분홍 꽃들이 활짝 피어나면
그때 상세히 말씀드릴게요.

여리여리 연분홍 꽃도 그때는 미소짓겠지요.
오늘 별이 유난히 밝습니다.
다음 봄엔 산벚꽃나무가 더 크게 자라 있겠지요.

하늘로 솟구치는 봄소식을 알리는
그날이 멀지 않았습니다.
무서운 사람들의 호루라기 소리가
여전히 산하를 시끄럽게 합니다.

임이여! 임이시여!
언제 그날이 와 다시 만날까요?
그날이 다가와 언덕을 향하여 가고,
연분홍 꽃도 때맞추어 피었으니
큰 북을 치어 알리겠습니다.
큰 북을 치어 알리겠습니다.

별헤는 밤
동주를 노래하다

초판 1쇄 발행일 2024년 3월 1일

지은이 박성진
펴낸이 곽혜란
편집장 김명희
디자인 김지희

도서출판 문학바탕
주소 (07333) 서울시 영등포구 여의대방로 379 제일빌딩 704호
전화 02)545-6792
팩스 02)420-6795
출판등록 2004년 6월 1일 제 2-3991호

ISBN 979-11-93802-02-1 (03810)
정가 10,000원

* 이 책의 저작권은 저자에게 있으며 이 책의 전부 또는 일부를 이용하시려면 저작권자의 서면동의를 받아야 합니다.
* 이 책은 국립중앙도서관, 국회도서관 홈페이지에서 검색 가능합니다.
* 문학바탕, 필미디어는 (주)미디어바탕의 출판브랜드입니다.